“Essa rua é nossa!”

APRENDENDO A CONVIVER NO ESPAÇO PÚBLICO

COLEÇÃO VALORES

Beatriz Meirelles

Ilustrações de **Ivan Zigg**

editora scipione

Gerência editorial
Sâmia Rios

Edição
Maria Viana

Assistência editorial
José Paulo Brait

Texto complementar
Eloísa Aragão Maués

Revisão
Erika Ramires
Nair Hitomi Kayo

Coordenação de arte
Marisa Iniesta Martin

editora scipione

Av. das Nações Unidas, 7221
Pinheiros
CEP 05425-902 – São Paulo – SP

ATENDIMENTO AO CLIENTE
Tel.: 4003-3061

www.coletivoleitor.com.br
e-mail: atendimento@aticascipione.com.br

2023
ISBN 978-85-262-5845-7 – AL
CL: 733068
CAE: 222063
1.ª EDIÇÃO
10.ª impressão
Impressão e acabamento
Edições Loyola

Dados Internacionais de Catalogação na Publicação (CIP)
(Câmara Brasileira do Livro, SP, Brasil)

Meirelles, Beatriz

"Essa rua é nossa!": aprendendo a conviver no espaço público / Beatriz Meirelles; ilustrações de Ivan Zigg. – São Paulo: Scipione, 2005. – (Coleção Valores)

1. Convivência – Literatura infantojuvenil 2. Espaços públicos – Literatura infantojuvenil I. Zigg, Ivan. II. Título. III. Série.

05-2925 CDD-028.5

Índices para catálogo sistemático:
1. Convivência: Literatura infantil 028.5
2. Convivência: Literatura infantojuvenil 028.5

A papai e mamãe,
que foram tão especiais.

Você já deve ter ouvido
algum adulto dizer:
"Parece um moleque de rua!
Isso não é pra fazer!"

Na verdade, esse adulto demonstra a opinião de que quem passa pelas ruas não tem boa educação.

Só que a rua é um lugar
importante de verdade
para todas as pessoas
que são da comunidade.

Todos passam pelas ruas
pra ir a qualquer lugar.
E, como em qualquer outro canto,
É preciso se comportar.

Nem todos que estão na rua,
sejam ricos, sejam pobres,
agem de forma grosseira
ou possuem jeito nobre.

Cabe a cada um de nós
decidir como agir,
respeitar ou não as regras,
ser delicado ou agredir...

De que adianta falarmos:
"Por favor, muito obrigado",
se brincamos no orelhão
e o deixamos quebrado?

Se jogamos lixo no chão,
passamos o sinal fechado,
pichamos paredes limpas,
riscamos cimento molhado?

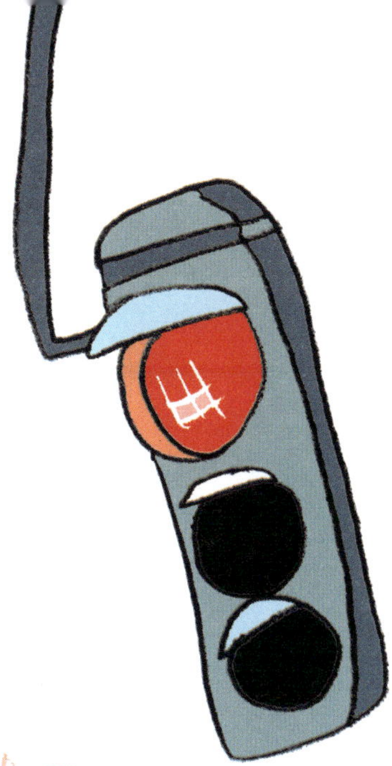

Achamos que é brincadeira,
que tudo vai ser consertado.
Mas... e o direito do outro
de não ser prejudicado?

Há quem não goste de regras,
mas é só parar pra pensar:
elas servem para a gente
poder se organizar.

Já pensou se, em vez da fila,
fosse tudo no empurrão?
Isso acabaria com a ordem,
viraria confusão!

Se os motoristas resolvessem
não respeitar os sinais,
os pedestres, com certeza,
não atravessariam mais.

Se, por sua vez, os pedestres
corressem sem ser sua vez,
poderiam sofrer acidentes,
seria uma insensatez!

Ainda existe tanta coisa
importante para eu dizer,
mas, com certeza, você
já entendeu como fazer.

É só se pôr no lugar
do outro por um instante,
e ficará muito fácil
perceber o que é importante.

Se todos pensarem no outro
pra resolver como agir,
nosso mundo, é evidente,
só poderá progredir.

Imagine um lugar
onde todos – que beleza! –
fossem sempre delicados
e agissem com gentileza...

Seguramente, as pessoas
se entenderiam bem mais.
Não haveria mais guerra,
seria um mundo de paz!

Observações para pais e professores

Neste livro são tratadas importantes noções de cidadania e respeito às regras de convívio social, especificamente no que se refere ao espaço público. Ao ler a obra com seus filhos ou alunos, lembre-os de que ser cidadão é, antes de mais nada, exercer direitos e deveres, cumprindo normas e participando da construção de valores que regem uma sociedade.

Instigue as crianças a imaginar como seria a vida nas ruas sem regras ou sem o respeito a elas: trânsito caótico de carros e pedestres, falta de segurança, acidentes, sujeira, proliferação de doenças, entupimento de bueiros e consequente alagamento das ruas em épocas de chuvas, etc. Em seguida, lembre aos pequenos que a rua é um bem público – espaço de que todos, sem exceção, devem usufruir e cuidar. É um lugar democrático por excelência.

Pergunte a seus filhos ou alunos se eles observam as atitudes das pessoas nas ruas e leve-os a comparar com o que ocorre em sua própria casa, destacando as regras aplicáveis tanto no ambiente doméstico quanto no espaço público.

Também vale a pena conversar com as crianças sobre pichação e grafitismo, com ênfase nas diferenças entre as duas práticas. A primeira – que envolve palavrões e insultos, entre outros códigos linguísticos – é um ato de vandalismo, que agride o ambiente da comunidade (paredes, museus, monumentos). Já o grafitismo – produção de desenhos e pinturas – é uma obra de arte, cujo objetivo é embelezar.

Procure discutir com as crianças o conceito de trânsito e a razão de suas leis e regras. Peça que imaginem situações em que o desrespeito traz consequências graves e que sugiram ações para melhorar a convivência no trânsito.

Enfim, *"Essa rua é nossa!"* promove várias oportunidades de reflexão sobre o comportamento das pessoas no espaço público. Incentive as crianças a pensar sobre a contribuição que cada uma pode dar para tornar melhor nossa vida em sociedade.

Sinais de trânsito

Sinais luminosos para veículos

Luís Carlos Kfouri/Editora Abril

Luz vermelha indica que é obrigatório parar.

Luís Carlos Kfouri/Editora Abril

Luz amarela indica que é preciso ter atenção.

Luís Carlos Kfouri/Editora Abril

Luz verde indica permissão para prosseguir.

Sinais luminosos para pedestres

Luiz Aureliano/Editora Abril

Luz vermelha indica que o pedestre não pode atravessar.

Luiz Aureliano/Editora Abril

Luz verde indica que o pedestre pode atravessar.

Beatriz Meirelles mora em Santa Cruz do Rio Pardo, interior de São Paulo. Professora e coordenadora dos ensinos fundamental e médio, é também escritora e contadora de histórias, além de trabalhar na formação de professores e de pequenos leitores. Seu primeiro livro, *Descobrindo o Brasil com vovô Leite*, foi publicado em 1999. O segundo, *Grande ou pequena?*, foi lançado pela Scipione em 2001. Em parceria com o marido, o músico Luiz Carlos da Silva Júnior, produziu o CD *Recontando as histórias*, em que são interpretados vários clássicos da literatura infantil.

Ivan Zigg é ilustrador e escritor. Publicou cerca de 90 livros e teve seu trabalho premiado pela Associação Paulista dos Críticos de Arte e pela Fundação Nacional do Livro Infantil e Juvenil. Participou de exposições em Bolonha, na Catalunha e em Bratislawa. Atua também como compositor, cantor e ator. Para a Scipione, ilustrou *Ilíada* (Reencontro literatura), *Robinson Crusoé* (Reencontro infantil) e *Outros bichos* (Dó-ré-mi-fá).